TES
CHARANTE FLVVIVS
GW01606342

Sur la double-page précédente : Saintes en 1560. Plan de Braun, Médiathèque François-Mitterrand.

Conception graphique : Paulitsch-Müllbacher / Plettener

Gravure : Lézard Graphique
Achevé d'imprimer sur les presses de Sagrafic
ISBN 2-84561-151-X / LUP 323
Dépôt légal : 2e semestre 2004

Saintes
la lumière de la ville

Christian Gensbeitel
Michel Garnier

Geste éditions

Préface

C'est une invitation à découvrir Saintes que je vous propose à travers ce livre. Au fil de ses pages, Saintes se dévoile sous vos yeux.

Puisant sa force dans un héritage de plus de deux mille ans d'histoire, Saintes surgit du passé pour surprendre ses visiteurs par sa beauté : une ville secrète, entre lumière et caractère, qui aujourd'hui encore, séduit et inspire de nombreux artistes.

Toute une génération de peintres, Corot, Pradelles, Auguin ou encore Courbet, y a puisé son inspiration. Gustave Courbet ne disait-il pas d'ailleurs : « C'est peut être l'amour qui me mène en ce pays-ci ; en tout cas, j'ai fait beaucoup de peinture. »

C'est toujours le même amour que nourrissent encore aujourd'hui les Saintais pour leur ville.

Je suis convaincue que vous aussi vous saurez partager cet amour pour Saintes et sa lumière.

Bernadette Schmitt,
Maire de Saintes

Sous le soleil de Saintonge

Le clocher de l'église de Fenioux, silhouette romane revisitée par le XIXe siècle.

Le destin de la ville de Saintes, capitale historique de la Saintonge, est intimement lié au fleuve qui lui a donné naissance, cette Charente – le *Carentonus* des Romains – dont la dolence légendaire ne suffit pas à éviter les débordements intempestifs. Ville de franchissement, ville-pont, Saintes est née de la rencontre entre ce cours d'eau aimablement équivoque et les chemins tracés par les hommes pour aller du nord au sud, de Poitou en Bordelais, et d'est en ouest, du Limousin à l'océan.

Le pays de la Charente

La Saintonge, ses paysages, son atmosphère singulière, son caractère ambivalent – mi-maritime, mi-terrien – constituent l'écrin privilégié de cette ville, qui ne peut se comprendre qu'avec le territoire historique dont elle est le centre géographique et le point d'orgue. Comme tant d'autres cités de la vieille Europe, Saintes est la vitrine urbaine à la fois modeste et brillante d'un pays rural. L'antique *Mediolanum*, la ville des Santons, était en son temps le centre politique d'un *pagus* qui devint le diocèse médiéval, puis la province d'Ancien Régime. L'Aunis, arrière-pays de La Rochelle, devait s'en détacher progressivement avec l'ascension de ce port de mer, avant

La Saintonge et l'Aunis sont un pays de cabanes… Cabanes sur pilotis des carrelets qui plongent leurs filets dans l'océan ou, comme ici, dans la Charente ; cabanes d'ostréiculteurs qui ponctuent de leurs couleurs chatoyantes les marais du littoral.

Saint-Sauvant est l'un des rares villages de la région de Saintes qui offre une topographie originale de site perché dont le clocher roman de l'église Saint-Sylvain domine la vallée du Coran.

Image familière de la lumière du couchant sur le pont d'Oléron et les barques d'ostréiculteurs.

Bien avant la mode d'Halloween, potirons et citrouilles constituaient une des cultures maraîchères traditionnelles de la Saintonge.

d'être rattaché à nouveau à son territoire d'origine à la Révolution. Le petit diocèse voisin d'Angoulême, peut-être issu lui aussi de la cité des Santons, partageait avec la Saintonge l'épine dorsale que constitue la Charente. Aujourd'hui, le département de la Charente-Maritime intègre l'Aunis et la plus grande partie de l'ancienne Saintonge, et Saintes se trouve toujours au coeur de ce territoire, avec un rang de chef-lieu d'arrondissement.
La douceur du climat et des paysages, le rôle prépondérant du fleuve et de ses affluents dans l'organisation des terroirs, la proximité d'un littoral atlantique morcelé en îles et tenu à distance par des zones de marais comptent parmi les traits fondamentaux de ce

Le clocher de l'église de Thézac constitue l'une des plus belles tours romanes léguées par le XIIe siècle.

département délimité par la Gironde au sud et la Sèvre Niortaise au nord. La lumière si particulière qui éclaire ce pays est le fruit de l'heureuse conjonction d'un taux d'ensoleillement des plus élevés en France et d'une atmosphère océanique qui filtre les rayons du soleil. Au XIXe siècle, déjà, la vallée de la Charente attira des peintres de renom, tels Courbet et Corot, qui vinrent s'établir aux environs de Saintes pour capter cette luminosité singulière.

L'église de Corme-Ecluse offre un exemple très parlant de façade romane saintongeaise à décor d'arcatures, rehaussée d'un riche décor sculpté.

Tout un peuple de personnages et d'animaux habite chapiteaux et modillons des églises saintongeaises, comme ici à Annepont.

C'est cette lumière qui confère au littoral charentais un attrait jamais démenti depuis l'émergence de la civilisation des loisirs. De Royan à l'île de Ré, des millions de touristes viennent goûter chaque année au cocktail ensoleillé de vagues de l'Atlantique et de douceur fluviale, de plages de sable fin et de champs de tournesols, de plaisirs balnéaires mêlés d'émotions culturelles grâce à la découverte d'un patrimoine poli par des siècles d'histoire. La Saintonge exhibe sans ostentation ses vestiges d'un passé fécond, des monuments gallo-romains au Mur de l'Atlantique en passant par l'innombrable semis d'églises romanes, les citadelles et bastions protégeant l'Arsenal de Rochefort, les donjons, châteaux et logis nobles ou bourgeois qui ponctuent les campagnes, la multitude de fermes, de villages et de petites villes aux murs de calcaire blond et aux toitures couvertes de tuiles romaines.

Comme ici à Villars-les-Bois, la vigne, omniprésente, bénéficie de la lumière si particulière qui baigne les paysages de la région charentaise.

Les couleurs de cette terre, qu'éclaire le soleil généreux, se décomposent en une palette de bleus et de verts, d'ocre et de terre aux teintes douces qui reflètent les matières mêmes dans lesquelles sont pétries ces richesses. C'est l'eau, d'abord, de l'océan, des chenaux et des marais, des rivières et du fleuve, qui se confond avec un ciel mouvant. Ce sont les cultures, ensuite, en particulier la vigne qui se transmute en cognac et en pineau aux reflets mordorés, sans oublier les cultures maraîchères dans les terres noires de la vallée de l'Arnoult, les champs de céréales et de maïs rehaussés de touches vives

La Charente et ses nombreux affluents, comme la Seugne : un paradis pour les pêcheurs.

En terre de Saintonge

de tournesol et de colza. Ce sont les arbres aussi, parfois inattendus, tels ces palmiers, ces cèdres et ces cyprès dont les silhouettes se dressent sur l'horizon. C'est la pierre, enfin, ce calcaire du bassin aquitain dont les teintes ocre parfois habillées de la blancheur de la chaux s'associent à la terre cuite des toitures pour former une mosaïque aux accents méridionaux. Aux couleurs et aux matières, le plaisir des sens ne manque pas d'associer les parfums et les saveurs. L'huître du bassin de Marennes-Oléron répand sur les marchés de Saintes les effluves iodés de l'océan si proche et si lointain. Les produits de la vigne ont donné naissance, quant à eux, à l'alchimie subtile de la double distillation et du vieillissement en fûts de chêne qui confèrent au nectar charentais des arômes que le monde entier lui envie.
Mais l'apparente quiétude de cette terre où toute culture est fondée sur la patience et sur la maturation ne saurait faire oublier son histoire mouvementée. De Taillebourg à Jarnac, de La Rochelle à Royan, les noms des localités saintongeaises et aunisiennes se conjuguent aussi avec des souvenirs de batailles, de sièges et de bombardements.

Lumière hivernale sur le clocher d'Avy-en-Pons.

Simplicité du camaïeu de couleurs sobres – vers, gris, bleus – se mêlant à l'ocre de la pierre et aux plantes d'accompagnement ; la maison saintongeaise se plaît à la lumière.

Au détour d'une trouée dans le paysage, il n'est pas rare de voir apparaître quelque belle demeure charentaise, dont la façade fait la part belle au calcaire blond.

La maturation du cognac est un exercice de patience qui s'effectue dans le secret des chais obscurs où s'empilent les fûts de chêne.

La Saintonge fut maintes fois convoitée et déchirée, en particulier durant la guerre de Cent Ans, et lors des guerres de Religion, où aucune des deux factions rivales ne fut en reste de massacres et de destructions, avant que ne reprennent les hostilités avec l'Angleterre, ponctuées par de sanglants assauts autour de l'arsenal de Rochefort. Aujourd'hui, les invasions sont plus pacifiques, et même bienvenues, dans l'un des premiers départements touristiques de France, traversé par des axes de circulation reliant l'Europe du Nord à l'Espagne, telle l'autoroute A10, qui met Saintes à quatre heures de Paris et à une heure de Bordeaux ; grâce aux correspondances avec le TGV Atlantique, il faut moins de temps encore par le chemin de fer. Saintes est un carrefour dans une région de passage où l'on prend le temps de s'arrêter, comme le faisaient jadis – et comme le font toujours – de nombreux pèlerins en route pour Compostelle, arrivant par Aulnay et Saint-Jean-d'Angély et repartant vers Pons, autre haut lieu historique de l'hospitalité pérégrine. La Saintonge ensoleillée est aussi sur le chemin des étoiles.

La mosaïque des marais ostréicoles du bassin de Marennes-Oléron est indissociable de l'identité saintongeaise.

À Saint-Porchaire, le château de la Roche-Courbon et son jardin où plane le souvenir de Pierre Loti, constituent l'un des joyaux du patrimoine de la Charente-Maritime.

Une cité sous les feux de l'histoire

Cette stèle conservée au Musée archéologique de Saintes nous montre les légionnaires romains, vainqueurs des Santons.

Rome, qui devait se solder par la défaite d'Alésia et l'annexion à l'Empire. Mais, comme dans toutes les provinces, les élites de ce peuple furent assez rapidement intégrées à la société des nouveaux maîtres, dont ils adoptèrent les mœurs.
Dès le règne d'Auguste, à la fin du Ier siècle avant J.-C., *Mediolanum* fut reliée à Lyon, capitale des Gaules, par une grande voie stratégique tracée par Agrippa, gendre de l'empereur. Le choix du site de Saintes coïncide avec le point de répercussion des marées le plus en amont, à une trentaine

Une prestigieuse cité gallo-romaine

Mediolanum, tel est le nom donné à cette ville par les Romains, qui en firent la capitale de la cité du peuple santon et, peut-être, l'un des premiers pôles politiques et administratifs de l'ensemble de la province *Aquitania*. César, dans sa *Guerre des Gaules*, évoque les Santons, leur lien possible avec les lointains Helvètes et leur participation au soulèvement de Vercingétorix. Voici donc cette tribu gauloise engagée dans la guerre contre

de kilomètres de l'embouchure, là où la Charente, qui rencontre un plateau calcaire, voit son cours dévié vers le nord avant de repartir vers l'ouest. Sans doute est-ce la raison pour laquelle on a jugé opportun d'implanter là une ville, dont le rôle devait être celui d'une « tête de pont », sur la rive gauche du fleuve, dans une boucle alluvionnaire dominée par l'éperon rocheux, en un point encore accessible par les bateaux de cabotage.

Les ruines de l'amphithéâtre gallo-romain nous permettent de comprendre le mode de construction des bâtisseurs de l'Antiquité.

Cette image, qui met en perspective l'arc de Germanicus, monument emblématique de la romanité, et le clocher gothique de la cathédrale Saint-Pierre, est un véritable raccourci de l'histoire de Saintes.

Le pont fut donc l'emblème de la destinée historique de *Mediolanum*. S'il a malheureusement disparu définitivement au XIXe siècle, après avoir connu d'importantes transformations au Moyen Âge, il demeure comme une plaie ouverte, un lien qui ne demande qu'à être recréé entre les deux rives du fleuve. En effet, l'axe de l'ancien *decumanus* romain structure encore le cœur de la ville, et les bouleversements urbains du XIXe siècle, qui ont repoussé le franchissement de la Charente plus en aval, n'ont pas réussi à effacer le souvenir de ce véritable cordon ombilical.
Des monuments, *Mediolanum* en fut riche dès le Ier siècle, et si beaucoup ont disparu, l'arc édifié sur la rive droite à l'entrée du pont est toujours présent, et l'amphithéâtre, bien qu'en ruine, se place parmi les mieux conservés après ceux d'Arles et de Nîmes. Les blocs lapidaires dégagés dans les fondations du rempart édifié au IIIe ou au IVe siècle forment l'une des collections les plus prestigieuses de France.

Au Musée archéologique, l'image de nos ancêtres gallo-romains demeure présente, de l'écolier au gladiateur, au travers des monuments funéraires.

Clair de lune sur le dôme de Saint-Pierre... à Saintes.

Si l'on en croit la légende, la christianisation de la ville aurait été initiée très tôt par saint Eutrope, évangélisateur, premier évêque et martyr. *Mediolanum*, désormais appelée *Mediolanum Santonum*, devint le siège d'un évêché et une cité marquée par la présence religieuse. Au Moyen Âge, durant la période où foisonnait le bel art roman, la Saintonge connut un sort quelque peu atypique, du fait de l'absence d'un lignage seigneurial

La ville religieuse du Moyen Âge

indépendant, ce qui en fit un objet de convoitise pour les puissances voisines : comtes d'Angoulême, ducs d'Aquitaine ou comtes d'Anjou. La vieille cité antique développa surtout son rôle spirituel, favorisé par son implantation sur la route des pèlerins de Compostelle.
Le prieuré Saint-Eutrope, l'Abbaye-aux-Dames, le prieuré Saint-Vivien et de nombreux sanctuaires de moindre envergure enrichissaient dès le XIe siècle le paysage de la ville, tant à l'intérieur de l'enceinte et autour de la cathédrale Saint-Pierre, que dans les faubourgs, éparpillés aux quatre points cardinaux.

Au xve siècle, on accorda à Saint-Eutrope ce que l'on refusa à Saint-Pierre : une flèche flamboyante se dresse au-dessus de l'église prieurale et du faubourg accroché au flanc du Vallon des Arènes.

Autre église, autre dôme ; celui du clocher roman de l'abbatiale Notre-Dame, coiffé d'écailles, qui fait signal dans le quartier de la rive droite.

Le regard éberlué de Marie, une des Saintes Femmes découvrant le tombeau du Christ vide, pointé du doigt par l'Ange. Ce chapiteau roman du clocher de l'Abbaye-aux-Dames illustre de façon saisissante la virtuosité des sculpteurs saintongeais pour exprimer le Mystère de la Résurrection.

Mais dès le XIIIe siècle, l'Histoire était à nouveau au rendez-vous, avec les premiers soubresauts de la lutte opposant les rois de France aux Plantagenêt, devenus les maîtres de l'Aquitaine grâce au mariage de la duchesse Aliénor avec Henri II, héritier du trône d'Angleterre. La bataille de Taillebourg, en 1242, marqua le début d'une longue période de combats et de désolation, qui ne devait prendre fin qu'à l'issue de la guerre de Cent Ans, au milieu du XVe siècle.

Les dernières décennies du Moyen Âge furent mises à profit, dans cette région exsangue, pour réparer, restaurer, reconstruire. L'art flamboyant s'est mis à briller en cette terre de tradition romane, dressant la flèche de Saint-Eutrope et remodelant la silhouette de la cathédrale.

Mais le répi fut de courte durée, puisque la Saintonge et l'Aunis, où les idées de la Réforme se diffusèrent rapidement, furent entraînées dans la tourmente des guerres civiles du XVIe siècle. Bernard Palissy s'illustra à Saintes par ses brillantes découvertes dans le domaine de la céramique, mais aussi par sa flamme religieuse, qui le plaça parmi les chefs de file de la cause protestante à Saintes. Là encore, destructions et massacres se succédèrent jusqu'à la paix assurée par l'Édit de Nantes. La cathédrale Saint-Pierre connut au cours de ces événements tragiques le sort de nombreux autres sanctuaires : ses voûtes furent rompues et son clocher demeura inachevé.

Lumière matinale sur la rue Alsace-Lorraine.

De la tourmente des guerres de Religion à la Révolution

Dès lors, la ville de Saintes, dont le dynamisme économique n'arrivait pas à concurrencer La Rochelle, s'assoupit dans son rôle de centre administratif, religieux et judiciaire, peuplée de gens de robe attachés au tribunal du Présidial qui contribuèrent à la construction de quelques beaux hôtels particuliers. Au XVIIIe siècle toutefois, sous l'impulsion des édiles et de l'intendant de La Rochelle, la ville se transforma pour quitter son aspect médiéval détruisant son rempart hérité de l'Antiquité et se dotant de nouveaux axes de circulation, les cours. C'est à cette époque, dans les années précédant la Révolution, que de nombreuses façades furent remaniées ou reconstruites dans le cadre des procédures d'alignement. Saintes prit alors la physionomie classique qui fait encore son charme.

Les tumultes révolutionnaires ne troublèrent qu'assez indirectement la ville natale du docteur Guillotin. L'un des épisodes les plus tragiques de cette période fut la mort du dernier évêque de Saintes, Mgr de La Rochefoucauld, lors du massacre des Carmes à Paris.

L'hôtel dit « du Présidial », aujourd'hui Musée des Beaux-Arts, fut l'une des premières demeures particulières à introduire des formes classiques teintées de maniérisme au début du XVIIe siècle.

L'ancienne distillerie Rouyer-Guillet, ou le temps arrêté.

Malgré sa légitimité historique de capitale de la Saintonge, Saintes ne put conserver son statut de siège épiscopal et, injustice suprême, Napoléon la priva en 1810 de son rôle de chef-lieu de département, qu'il attribua à La Rochelle. Seule la cour d'assises fut maintenue, probablement en guise de compensation. Depuis lors, Saintes reste l'une des rares sous-préfectures de France à détenir ce privilège juridictionnel.

De la ville cheminote à la ville tertiaire

Au XIXe siècle, l'industrialisation, assez faible dans ce territoire rural, se traduisit surtout par le développement des entreprises agro-alimentaires. Les distilleries et les maisons de négoce qui étaient installées au bord de la Charente, dans la partie nord de la ville, contribuèrent aussi à l'émergence d'une bourgeoisie d'affaires à laquelle nous devons quelques belles demeures et villas. Une grande foire mensuelle, qui anime toujours les rues le premier lundi du mois, rassemblait à Saintes les populations de l'ancienne Saintonge et renforçait le rôle

Sous la marquise, la gare... Bienvenue à Saintes, ville cheminote.

commercial de la ville.
L'ouverture du réseau ferroviaire, qui toucha Saintes à partir des années 1860, fit l'effet d'un véritable bouleversement. Placée à un carrefour de voies ferrées, Saintes devint un important centre de réparation du matériel roulant, s'octroyant ainsi un destin industriel qui suscita l'aménagement d'un vaste quartier cheminot sur la rive droite, au-delà de l'ancien faubourg Saint-Pallais. Le monde cheminot s'inscrit désormais, avec ses traditions et ses solidarités, dans l'héritage de la vie saintaise, encore vivace aujourd'hui malgré la réduction des effectifs.

Ce rôle ferroviaire valut à la ville quelques épisodes tragiques et héroïques au cours de la Seconde Guerre mondiale. La Résistance s'y illustra, et les cheminots furent en première ligne, tandis que le quartier de la gare était meurtri par les bombardements alliés.
Après la guerre, Saintes partagea le sort de nombreuses villes moyennes, avec une forte croissance démographique et l'extension de l'agglomération à travers l'émergence de nouveaux quartiers d'habitat collectif. Pôle tertiaire, toujours positionnée au carrefour des voies de communication du département, la ville compte aujourd'hui plus de 27 000 habitants. Son développement, exempt de la trop grande brutalité qu'ont connu certains centres urbains, lui a permis de conserver les atouts de son héritage patrimonial.
Protégée par un secteur sauvegardé, intégrée au réseau national des Villes d'art et d'histoire, la capitale des Santons abrite dans l'Abbaye-aux-Dames restaurée un centre culturel de rencontres voué à la musique et un festival de musique classique parmi les plus prestigieux d'Europe, les *Académies musicales*. Saintes est un lieu encore marqué par l'empreinte de la civilisation gallo-romaine, où la culture fait rimer l'histoire avec la création contemporaine, et où l'offre de services se conjugue avec les plaisirs de la flânerie et des promenades fluviales.

Féerie d'un soir de spectacle dans la cour de l'Abbaye-aux-Dames. Même la nuit, le ciel estival de Saintonge est lumineux.

Un concert des Académies Musicales de Saintes est une expérience rare, que les mélomanes de toute l'Europe viennent vivre chaque été dans l'église Notre-Dame.

Saint-Pierre, cœur de la cité

Les statues allégoriques du théâtre veillent sur le cours National depuis 1852.

La silhouette massive du clocher de l'ancienne cathédrale Saint-Pierre semble veiller sur le cours paisible du fleuve. La Charente enserre au plus près le vieux quartier épiscopal et marchand, blotti au pied du plateau. Le cœur historique de la ville continue d'incarner, malgré l'attrait des faubourgs et la densité des extensions urbaines, l'esprit d'une ville dont la beauté sans ostentation se découvre en flânant.

Un centre très historique

L'empreinte de l'enceinte gallo-romaine du Bas-Empire nous a légué la forme de ce quartier, que l'on pourrait nommer la « cité » de Saintes, à l'instar de la cité de Paris ou de celle de Périgueux. Elle compte même son Capitole, l'extrémité du plateau calcaire ayant été intégrée dans son périmètre, qui englobait toute la boucle alluvionnaire créée par la Charente. C'est dans ces dix-huit hectares délimités par le rempart – quelque peu élargi au cours des siècles – que s'est longtemps concentré l'essentiel de la vie urbaine, de l'Antiquité tardive au XVIIIe siècle. Les grands

La boucle de la Charente semble enlacer le vieux quartier épiscopal d'un geste ample. L'essentiel du Secteur Sauvegardé se trouve là.

La prairie inondable forme un écrin de verdure pour le cœur de la ville, et ce, par tous les temps.

travaux des intendants et le développement de l'ère industrielle n'ont fait que souligner ces limites historiques en remplaçant les murailles et les tours par des quais, des jardins et des avenues que l'on appelle ici des cours, selon la tradition méridionale. De l'enceinte, seules quelques traces sont encore perceptibles : des blocs de soubassement en place dans le square des Récollets, non loin de la Charente. Mais l'essentiel de ce qui en fut dégagé lors des fouilles du XIXe siècle constitue désormais la fierté des collections lapidaires du musée archéologique. Dans ce vaste quartier protégé par un secteur sauvegardé, on regrettera évidemment tous les monuments disparus, des demeures gallo-romaines au palais du Présidial, du marché couvert au couvent des Récollets. Mais Saintes ne mérite pas qu'on se laisse aller à la nostalgie, car son charme n'a jamais été rompu, et l'on peut sans risque de déception sillonner les rues du quartier, marcher au soleil couchant le long des quais de la Charente, grimper sur le plateau, au belvédère de l'hôpital, ou s'installer à une terrasse de café au petit matin d'un jour de printemps. On pourra alors découvrir les façades de calcaire blond et l'ondoiement des toitures

de tuiles romaines aux reflets ocre, et admirer par-delà le fleuve les vastes étendues des prairies inondables de la rive droite, un exceptionnel écrin de verdure dont peu de villes peuvent s'enorgueillir.
Les principaux axes de circulation, dont beaucoup sont aujourd'hui piétonniers, correspondent à des tracés multiséculaires. Ainsi, la rue Victor-Hugo est-elle rien moins que l'ancien *decumanus* romain, dans l'axe du vieux pont disparu au XIXe siècle. Ce lien historique pourrait d'ailleurs être renoué prochainement par la construction d'une nouvelle passerelle. L'autre grand axe historique, hérité quant à lui du Moyen Âge, est matérialisé par les rues Alsace-Lorraine, Georges-Clémenceau et Saint-Maur. Cette longue artère qui épouse les courbes de niveau reliait jadis les deux portes de la ville, situées au nord et au sud de l'enceinte urbaine : la porte Aiguière et la porte Evêque.

Pignons hauts et tourelle d'escalier rappellent le passé médiéval de certaines maisons de la rue Saint-Michel.

La rue Alsace-Lorraine, principal axe piétonnier nord-sud est aussi une artère commerciale ancienne.

Où que l'on se trouve, la cathédrale Saint-Pierre est omniprésente : elle est une composante majeure du paysage urbain de Saintes. Le volume pyramidal de son clocher et la forêt de pinacles qui se dressent au-dessus de ses anciens arcs-boutants, désormais inutiles, lui confèrent une personnalité à la fois étrange et attachante.

Le portail de la cathédrale Saint-Pierre, récemment restauré : un chef-d'œuvre du gothique flamboyant.

Autour de la cathédrale

La perte de la présence épiscopale et son caractère composite lui ont valu un certain dédain, dans une région où l'on a longtemps privilégié l'admiration pour les formes romanes. Depuis que des travaux de restauration y sont entrepris, les visiteurs comme les Saintais se réapproprient ce monument hors du commun. Le portail occidental, véritable chef-d'œuvre flamboyant, a donné lieu à des travaux très spectaculaires, qui ont permis au public d'assister en direct à l'utilisation des technologies les plus modernes, telles que le nettoyage au laser. Ce portail, inscrit à la base du puissant clocher-porche, est probablement une réalisation majeure d'un maître-d'œuvre originaire de Saintes, Jehan Lebas, qui a marqué profondément l'architecture gothique de la fin du Moyen Âge en Saintonge, avec les flèches de Saint-Eutrope, de Moëze et de Marennes, mais aussi à Bordeaux, où il a conçu avec son fils le clocher de l'église Saint-Michel.

Une maison Art Nouveau, un jardin exotique, les eaux bleues du fleuve : Saintes Riviera…

Le superbe orgue, restauré lui aussi, participe pleinement de l'intérêt de ce monument aux multiples facettes.Cet instrument, réalisé par Jehan Ourry, facteur poitevin, en 1626, a conservé de sa première version quelques éléments de jeu et les panneaux centraux de son buffet. Il fut remanié et agrandi au XVIIIe siècle, dans un style rococo qui lui confère un caractère très monumental. Et comme à Saintes tout est musique, il résonne à nouveau pour les offices comme pour de grands concerts.
Enfin, pour qui aime prendre son temps, la fraîcheur de ce grand vaisseau de pierre, couvert de bois depuis les mutilations subies en 1568, permet de profiter d'un mobilier très riche, dont le baldaquin de l'autel majeur et la charpente du chœur ne sont pas les moindres attraits. Un petit détour par le cloître canonial, dont deux galeries gothiques sont préservées, permet de compléter cette halte hors du temps. L'ancien quartier épiscopal, bien que très transformé aujourd'hui, se blottit toujours autour de cet ensemble monumental encore très cohérent. Les anciennes maisons des chanoines, transformées au XIXe siècle en demeures bourgeoises, contribuent au caractère paisible des rues essentiellement résidentielles s'ouvrant au sud de la cathédrale.

Le clocher de la cathédrale semble vouloir se frayer un chemin entre les façades des immeubles du quartier.

Les escaliers, signes de la qualité des maîtres de maison, présentent souvent, au XVIIIe siècle, des rampes en fer forgé sur un seul niveau, puis des barreaux de bois tourné.

Le marché, un temps fort de la vie du quartier.

Malgré cette quiétude, la vie est là, et la cathédrale abrite sur son flanc deux marchés hebdomadaires, qui se tiennent le mercredi et le samedi, conférant au quartier une ambiance animée à laquelle la lumière du soleil de Saintonge apporte sa touche méridionale. Les marchandes de fruits et légumes et de fromages s'installent à l'endroit même où s'élevait jadis la maison natale d'un célèbre Saintais, injustement associé à l'image de la peine capitale : le docteur Guillotin, humaniste et grand médecin, voulait simplement abréger les souffrances des condamnés par la généralisation du moyen d'exécution qui a pris son nom – alors qu'il n'en était même pas l'inventeur.

L'ancien quartier épiscopal est aussi le lieu de l'administration de la cité. À la suite de la Révolution, les palais de l'évêque et du doyen du chapitre ont été remplacés respectivement par l'hôtel de ville et la sous-préfecture. L'ancien collège des jésuites, édifié dans le jardin des évêques au début du XVIIe siècle, a laissé la place dans le cadre de la Contre-Réforme à un vaste espace ouvert, le square André-Maudet. On n'a conservé de cette imposante construction que l'ancien porche d'entrée, qui fait face à la chapelle édifiée au XVIIIe siècle par les bénédictins, successeurs des jésuites. Pilastres colossaux et décors néoclassiques s'y épanouissent de façon monumentale.

Depuis le Moyen Âge, les bourgeois de la « bonne ville » de Saintes, qui avaient reçu d'Aliénor d'Aquitaine une charte communale, élisaient les édiles de la cité. Ceux-ci se réunissaient dans l'ancien échevinage, qui abrite désormais un des deux musées des Beaux-Arts. Son beffroi, coiffé d'une coupole à lanternon de la fin du XVIe siècle et doté d'une porte gothique, domine la façade rococo et la cour d'honneur. Sur la rue Alsace-Lorraine, l'une des principales artères du secteur piétonnier, s'ouvre la très belle grille en fer forgé du XVIIIe siècle, contemporaine de la façade de l'immeuble des échevins. Ce bâtiment, par la multiplicité des remaniements dont il porte la trace, est un condensé de la richesse de la ville en matière d'architecture.

Palabres et conversations autour des produits du terroir.

Au-delà des grands pôles de pouvoir – épiscopal et municipal –, flâner dans le vieux Saintes, c'est se laisser prendre au jeu d'un environnement architectural souvent modeste et sans prétention, mais dont la palette de teintes, les rythmes réguliers, la modénature soignée créent un univers particulier, une patine dont le charme ne laisse aucun visiteur indifférent. Les remodelages urbains du XVIIIe siècle, qui ont imposé des règles d'alignement et des reconstructions de façades, sont pour beaucoup dans cette image très homogène.

Richesses du secteur sauvegardé

Et pourtant, aucune monotonie ne se dégage de cette promenade urbaine, car chaque rue, chaque place, abrite sa part de surprise. Ici un escalier menant au plateau et au belvédère de l'hôpital, là une fontaine du XVIIIe siècle ou un jardin privé entraperçu derrière une clôture. Mais les ponctuations peuvent venir de l'architecture elle-même, soit par quelques éléments d'accroche – un portail ouvragé, une tourelle d'escalier, un décor de mascarons –, soit par le décalage historique de certains immeubles par rapport aux modèles les plus courants. On pourra ainsi se laisser surprendre par quelques témoins de la ville médiévale, telles ces façades à pignons hauts du XVe siècle dans la rue Saint-Michel ou cette ultime maison à pan de bois fraîchement restaurée, à l'angle de la rue des Jacobins et de la rue Alsace-Lorraine.

Perspective sur un hôtel particulier du XVIIIe siècle ponctuée par le beffroi de l'Échevinage.

L'hôtel du marquis de Monconseil, actuel Musée Dupuy-Mestreau, contribue à la qualité du front bâti en bordure du fleuve.

En outre, chaque époque a légué à la ville quelques monuments qui sont autant d'occasions d'aiguiser la curiosité du visiteur. Du Moyen Âge, l'ancien couvent des Jacobins a conservé une partie de son enveloppe, et surtout l'extrémité de sa chapelle gothique, construite en 1446 et dotée d'une magnifique fenêtre à remplages flamboyants, dont le donateur et concepteur n'est autre que le maître-maçon Jehan Lebas. Autour du cloître, désormais transformé en un agréable jardin, les bâtiments monastiques abritent la médiathèque François-Mitterrand et son fonds ancien régional. Il s'agit là de l'héritage de Maurice Martineau, négociant et bibliophile saintais qui avait transformé vers 1900 deux ailes de l'ancien couvent en une belle demeure bourgeoise, ornée de vitraux et de céramiques de style Art nouveau.

L'imaginaire peut donner vie aux objets les plus divers, comme ce heurtoir de porte déguisé en dauphin.

Le XVIIe et le XVIIIe siècle, qui transformèrent la physionomie de la ville, nous ont légué de beaux hôtels particuliers, dont deux accueillent des musées. L'hôtel dit « du Présidial », véritable manifeste du maniérisme des années 1610, s'ouvre sur la rue Victor-Hugo, anciennement nommée la Grand'Rue. Il vient en contrepoint à l'austérité de l'hôtel de Brémond-d'Ars ainsi qu'au logis du gouverneur qui domine la ville à l'extrémité du plateau, dans ce qui fut l'éphémère citadelle de Saintes, bâtie par Henri IV et démantelée par Louis XIII. L'hôtel Monconseil, la plus grande construction aristocratique de Saintes, reflète dans les eaux du fleuve son élégante façade d'un style rocaille très retenu qui cache les trésors du musée Dupuy-Mestreau. Plus exubérant est le portail de l'ancienne juridiction consulaire, rue Saint-Maur, où pots à feu et angelots rivalisent de splendeur pour glorifier la figure de Louis XVI. On peut apprécier dans les demeures ouvertes au public les escaliers, qui, avec les galeries sur jardin, comptent parmi les perles de l'architecture saintaise. Le privilège du visiteur bien introduit sera de découvrir d'autres joyaux jalousement gardés dans les discrets jardins de fond de parcelles ou dans l'intimité des salons. Cheminées, boiseries et stucs, parquets anciens, rampes d'escaliers en fer forgé ou en bois tourné…

Un élégant petit balcon ouvragé du XVIIIe siècle derrière un rideau végétal, ou le charme discret des jardins du faubourg des Tanneurs.

Dans la ruelle de l'Arche-Gaillard, à deux pas de l'agitation des rues commerçantes, le temps semble suspendu.

La liste est longue de ces charmes qui ne se dévoilent qu'avec parcimonie.
Pour soulever un coin du voile, Saintais et touristes peuvent aller à la rencontre d'un de ces anciens hôtels particuliers, auquel une note d'architecture contemporaine
est venue rendre vie, tout à côté de la médiathèque ; c'est le Centre d'interprétation de l'architecture et du patrimoine et son exposition permanente, qui permettent d'obtenir quelques clés pour comprendre cette *ville d'art et d'histoire*. On y profite également d'un des plus beaux jardins du quartier : nouvellement aménagé, celui-ci s'accroche au flanc du coteau, au-dessus d'une de ces fameuses cours à galeries dont
les arcades offrent une ombre rafraîchissante dans la torpeur estivale.

Les cours à galeries forment un ensemble très typé dans la gamme des demeures classiques saintaises.

Les escaliers du XVIIIe siècle manifestent la virtuosité des serruriers saintais par leurs rampes en fer forgé aux volutes rococo.

Les vitraux de l'hôtel Martineau, réalisés vers 1900, sont riches en petites scènes cocasses.

Un jardin du quartier des Tanneurs : le palmier a trouvé à Saintes une terre d'élection.

Soirée de spectacle au Gallia-Théâtre.

Mais la torpeur – qu'il s'agisse de celle suscitée par le soleil ou de celle, mythique, qu'il est convenu d'attribuer aux villes de province – n'empêche pas d'aller de l'avant. On a su, au XIXe siècle, doter la ville de monuments publics modernes, tels le palais de justice et le théâtre, postés en vis-à-vis sur le cours National, la grande artère qui borde le nord du quartier.

Une place pour la création

C'est sur le Gallia-théâtre que la modernité s'exprime à nouveau. Sa récente métamorphose ne manque pas de faire jaser. Le contraste entre l'élégant avant-corps à l'italienne de l'ancien théâtre et l'immense carapace aux écailles de cuivre vert à laquelle il est associé devrait pourtant valoir à Saintes de gagner sa place parmi les villes qui ont su ne pas se figer dans le passé. Et c'est là encore une nouvelle page de la vie culturelle locale qui s'ouvre en plein cœur de la ville, au pied de l'imposant bastion, ultime vestige de la citadelle.

Le cours National, qui descend nonchalamment vers la Charente et le pont Palissy, est la principale artère de la ville, issue des projets de l'intendant Reverseaux formulés au XVIIIe siècle. Il ne fut aplani et loti qu'au cours du siècle suivant, exhibant ainsi un bel ensemble d'immeubles néoclassiques et éclectiques, parmi lesquels la villa Musso fait exception par sa position en retrait et la présence d'un jardin et de pavillons en front de rue.

L'ancien théâtre construit en 1852 a fait l'objet d'une re-création presque complète pour affirmer la nécessité d'une architecture contemporaine en cœur de ville.

Enchevêtrement de toits et d'escaliers : la topographie de la ville engendre d'étonnantes compositions en trois dimensions dans la transition vers le Capitole.

Cet hôtel particulier témoigne de la fortune des négociants saintais qui participaient largement à l'économie du cognac au cours du XIXe siècle. Une fois par mois, le cours National libéré des voitures est investi par les étals et les chalands, venus de toute la Saintonge à l'occasion de la grande foire mensuelle, l'une des plus populaires et l'une des plus anciennes existant en France.
La compréhension de l'esprit saintongeais ne saurait faire l'économie d'une plongée dans cette ambiance savoureuse et surannée. De l'autre côté du quartier, comme le faisaient jadis pèlerins et voyageurs quittant la ville par la porte Evêque, une escapade s'impose au-delà de la place Blair, terrasse plantée d'arbres au bord de la Charente : là s'étend un petit faubourg traversé par la rue Berthonnière, où les auberges côtoyaient jadis les maisons d'artisans étagées au pied de la colline de Saint-Eutrope. On y découvre encore quelques belles façades du XVIIIe siècle et les cours peuvent receler des surprises de taille, comme cet escalier en vis à tourelle ajourée, rare exemple de l'influence de la Renaissance dans cette ville meurtrie par les guerres civiles du XVIe siècle.
La rue du Pont-des-Monards, au nom évocateur, se trouvait autrefois en bordure de la ville, dans le vallon de la Grand-Font. On y trouve encore quelques immeubles anciens ayant conservé le souvenir des tanneurs établis près du ruisseau des Monards, qui faisaient sécher les peaux sur des galeries ou dans des cages d'escalier ouvertes.

Cette demeure saintaise du XIXe siècle a donné lieu à la réorganisation d'une parcelle plus ancienne.

Une maison à pans de bois du XVe siècle, dernière survivante d'un âge révolu.

Saint-Pallais et la rive droite

Un balcon sur la ville, telle est l'image qui vient à l'esprit lorsque l'on chemine sur la place Bassompierre, autour de l'arc de Germanicus, et que l'on contemple sur la rive opposée les quais du quartier Saint-Pierre, au-dessus desquels se dresse le clocher de la cathédrale. L'image du balcon se confirme dès l'entrée de la ville, lorsqu'on arrive de Cognac et que l'on découvre au soleil levant le panorama de l'agglomération qui s'épanouit dans la vallée, ponctuée par l'alignement des clochers.

L'outre-fleuve

La place Bassompierre, autrefois simple quai faisant face à la cité, en est à présent le pôle central. Les quartiers situés à l'est de la ville, sur la rive droite du fleuve, ont atteint au cours du XXe siècle une superficie qui rivalise avec l'agglomération historique de la rive gauche. Pourtant, à l'origine, il ne s'agissait que d'un modeste faubourg implanté de façon quelque peu acrobatique sur des remblais artificiels établis dans le lit majeur du fleuve. Ce secteur était encore parcouru au Moyen Âge par d'anciens bras du cours d'eau aujourd'hui asséchés, dont la « Rhône », qui devait emprunter l'actuelle rue Pont-Amilion.

Depuis la clocher de Notre-Dame, on peut contempler le coucher du soleil sur la ville.

Le faubourg Saint-Pallais historique se distingue aisément par les toitures anciennes de ses maisons. Au premier plan, la passerelle – rare ouvrage en béton armé des années 1920 – et l'ancien abattoir transformé en musée lapidaire.

Vu depuis la prairie de la Pallue, l'arc de Germanicus semble veiller sur la quiétude d'un fleuve dont les débordements n'ont pourtant rien de débonnaire.

Certaines devantures de magasins du quartier de la gare méritent d'être préservées pour leur charme pittoresque et leur rôle de témoins d'une histoire sociale forte.

C'est l'axe de l'ancienne voie romaine, la *via Agrippa*, qui a déterminé le remblais primitif, créant un cordon de terre traversant la zone inondable jusqu'au pont sur la Charente. Le faubourg Saint-Pallais s'est développé, sans doute au cours du haut Moyen Âge, le long de cet axe, l'actuelle rue Arc-de-Triomphe.

L'arc de Germanicus, véritable icône de la gloire antique saintaise qui devrait en fait s'appeler l'arc de Tibère, se trouvait probablement bien isolé sur cette rive droite, à l'entrée du pont. Il fut offert à sa cité, vers 18-19 après Jésus-Christ, par Caïus Julius Rufus, personnage de premier plan issu d'un famille gauloise santonne qui s'est hissé au rang de grand prêtre du culte impérial à Lyon. Prosper Mérimée, inspecteur des Monuments historiques, avait su mesurer l'importance de ce monument ; c'est à lui que nous devons sa sauvegarde lors de la démolition du vieux pont dont il était solidaire, en 1843.

Chaque premier lundi du mois, la Foire de Saintes envahit les principaux axes de la ville, et en particulier l'avenue Gambetta, la place Bassompierre et le cours National.

Cette foire est l'une des plus anciennes et des plus importantes encore vivaces en France. Toute la Saintonge rurale y vient se rencontrer dans une ambiance festive, quel que soit le temps ou la saison.

Le site de l'Abbaye-aux-Dames, dont le chantier de restauration exemplaire dans les années 1970-1980 fut à l'origine de la dynamique culturelle de Saintes.

Jusqu'au XVIIe siècle, le quartier, isolé au milieu de vastes prairies inondables, se résumait à ce cordon bâti avec les jardins attenants, et au pôle monumental de l'Abbaye-aux-Dames. Aujourd'hui encore, malgré le développement considérable qui s'est opéré au XIXe siècle, l'agglomération, très étalée vers l'est, se rétrécit à l'approche de la Charente, le jardin public créé dans les années 1920 formant au sud une transition végétale avec la prairie de la Pallue. Ceux qui ont vécu les inondations hivernales savent combien la rive droite, zone naturelle d'épandage, est exposée aux caprices du fleuve.

C'est sur le bord du lit majeur, plus abrité, que s'était implantée le long de la voie une nécropole gallo-romaine où fut enseveli *Palladius*, l'un des premiers évêques de la ville. Autour de sa basilique funéraire s'établit un monastère qui fut remplacé au XIe siècle par une nouvelle fondation, l'Abbaye-aux-Dames, initiée par Agnès de Bourgogne, épouse du comte d'Anjou Geoffroy Martel, alors maître de la Saintonge. L'église Saint-Pallais devint alors une simple paroissiale, voisine de la grande abbaye, et fut reconstruite aux XIIe et XIIIe siècles. La petite place qui précède l'église Saint-Pallais et le porche d'entrée de l'abbaye correspond au vieux cimetière paroissial du faubourg qui s'est développé au cours du Moyen Âge jusqu'aux bords de la Charente.

L'Abbaye-aux-Dames et ses bâtiments classiques offrent un cadre privilégié à la réflexion et à la création.

La silhouette romane du clocher de l'abbatiale Notre-Dame dialogue avec la perspective sévère de l'aile monastique.

L'Abbaye-aux-Dames, c'est l'âme du quartier, et c'est un peu l'âme de la Saintonge. Jadis haut-lieu spirituel, elle rayonne aujourd'hui comme un centre culturel d'excellence, voué à la redécouverte des répertoires musicaux classiques et préromantiques dans leur interprétation originelle. Il faut y venir au mois de juillet, lorsque l'immense cour fourmille de musiciens et de mélomanes venus du monde entier pour participer à un festival de musique classique des plus conviviaux.

L'Abbaye-aux-Dames, la culture vivante

Depuis 1972, le Festival de musique ancienne, devenu *Les Académies musicales de Saintes*, est un rendez-vous majeur de la saison estivale. Ce fut aussi le moteur de la renaissance de ce vaste ensemble monumental qui, après avoir abrité une caserne tout au long du XIXe siècle pour tomber ensuite dans un état de relatif abandon, a fait l'objet d'une restauration complète sous l'impulsion de la dynamique musicale.

On ne saurait résumer en quelques mots l'intérêt de ce site prestigieux, dont l'église romane, témoin des origines, est un des chefs-d'œuvre de cet art qui sied si bien à la Saintonge. Son clocher

Formation, recherche et diffusion des répertoires classiques sur instruments anciens sont au cœur des préoccupations du Centre Culturel de Rencontres de l'Abbaye-aux-Dames.

coiffé d'un dôme à écailles veille sur la vaste cour et les grands bâtiments monastiques, réédifiés au XVIIe siècle par la grande abbesse Françoise de Foix. Les mélomanes estivaux qui attendent l'ouverture des portes avant les concerts du soir dans l'abbatiale peuvent jouir de la lumière vespérale pour déchiffrer les images de pierre que les sculpteurs du XIIe siècle ont ciselées sur les voussures et les chapiteaux de la façade. Les célèbres « Vieillards de l'Apocalypse », avec leurs vielles et leurs coupes, sont au diapason de l'ambiance musicale et festive du lieu.

Les Vieillards de l'Apocalypse du portail roman de l'abbatiale sont au diapason de l'ambiance musicale du site.

Cet immeuble de l'avenue Gambetta pousse à l'extrême le sens de l'allégorie décorative du XIXe siècle. Une curiosité de plus…

Saisissant raccourci de l'histoire de ce vaste quartier de la rive droite, de l'église monastique médiévale au paysage industriel des voies de triage de la gare.

Le contraste est saisissant lorsque l'on sort de l'écrin privilégié de la cour de l'abbaye pour se promener dans le vieux faubourg ou pour regagner la gare, l'autre point d'ancrage historique de ce vaste quartier. C'est en effet l'arrivée du chemin de fer, dans les années 1860, qui fut à l'origine de l'expansion considérable de la rive droite. Après la construction d'un nouveau pont, plus en aval que le pont historique, le cours National fut prolongé par l'axe de l'avenue Gambetta, qui vint s'inscrire parallèlement au *decumanus* antique.

En son extrémité, le dépôt du haras national et son parc, installés dans les années 1850, furent rapidement isolés par les voies de chemin de fer, dont l'importance croissante devait former un obstacle difficilement franchissable. Il faut dire que le développement des ateliers de réparation des machines, devenus l'une des principales activités industrielles de Saintes aux alentours de 1900, se traduisit par une explosion urbaine sans pareil. La construction des bâtiments ferroviaires et des équipements publics se combinait

Sur la commune voisine de Fontcouverte, au nord-est de la ville, le golf Rouyer-Guillet abrite les vestiges de l'aqueduc gallo-romain de l'antique Mediolanum.

Le Haras National, installé au milieu du XIXe siècle, est lui aussi un vrai patrimoine vivant indissociable de ce quartier d'outre-fleuve.

Les collections du Musée archéologique, installées sur la rive droite dans les années 1920, ne cessent de s'enrichir. Une halte indispensable pour comprendre ce que fut *Mediolanum*.

à l'ouverture de nombreuses rues nouvelles, loties pour loger des centaines de cheminots et leurs familles. Cette tradition « cheminote », encore vivace à Saintes, fait de la rive droite un haut lieu de la mémoire et des solidarités ouvrières, sur lesquelles renchérit l'esprit coopératif et mutualiste, illustré par l'implantation historique, à l'est des voies ferrées, du siège de la Coop Atlantique.
Heureux le voyageur qui arrive à Saintes par un jour ensoleillé. Nous lui recommanderons de s'offrir le temps de flâner depuis la gare jusqu'à l'Abbaye-aux-Dames, et après s'être remis de ce premier choc, de se perdre dans les venelles perpendiculaires à la rue Arc-de-Triomphe.
Là, la permanence des jardins maraîchers desservis par d'étroits cheminements a permis de mener une opération exemplaire de régénération d'un tissu de faubourg ancien, avec l'insertion de logements neufs dans un secteur en voie d'abandon.

La foule des festivaliers attendant le début d'un concert au crépuscule estival ne manque pas de s'interroger sur la signification des images que nous ont léguées les sculpteurs du XIIe siècle. À Saintes, musique et patrimoine vont ensemble.

Enfin, arrivé au bord du fleuve, découvrant le panorama sur le centre historique, notre voyageur n'aura que l'embarras du choix entre la fraîcheur des frondaisons du jardin public, une visite aux très riches collections du musée archéologique avec ses nombreux blocs lapidaires et son char gallo-romain, ou encore une promenade fluviale sur la gabare, bateau traditionnel du commerce charentais reconstitué pour la plus grande joie des visiteurs. Le tourisme fluvial a trouvé au pied du vénérable arc de Germanicus et de la statue de Bernard Palissy un espace privilégié, comme le prouvent les nombreux house-boats qui, dès les premiers beaux jours, profitent des appontements installés en amont de la passerelle piétonne qui rejoint le marché Saint-Pierre. Indéniablement, la place Bassompierre, vitrine et balcon de la ville, fait désormais partie des enjeux de la réorganisation urbaine. Notre heureux voyageur n'est sans doute pas au bout de ses surprises…

À l'extrémité de la place Bassompierre, Bernard Palissy semble méditer sur l'absurdité des guerres civiles et religieuses dont il fut un protagoniste engagé, et qui firent tant de mal à sa ville adoptive.

Saint-Eutrope et le Vallon des Arènes

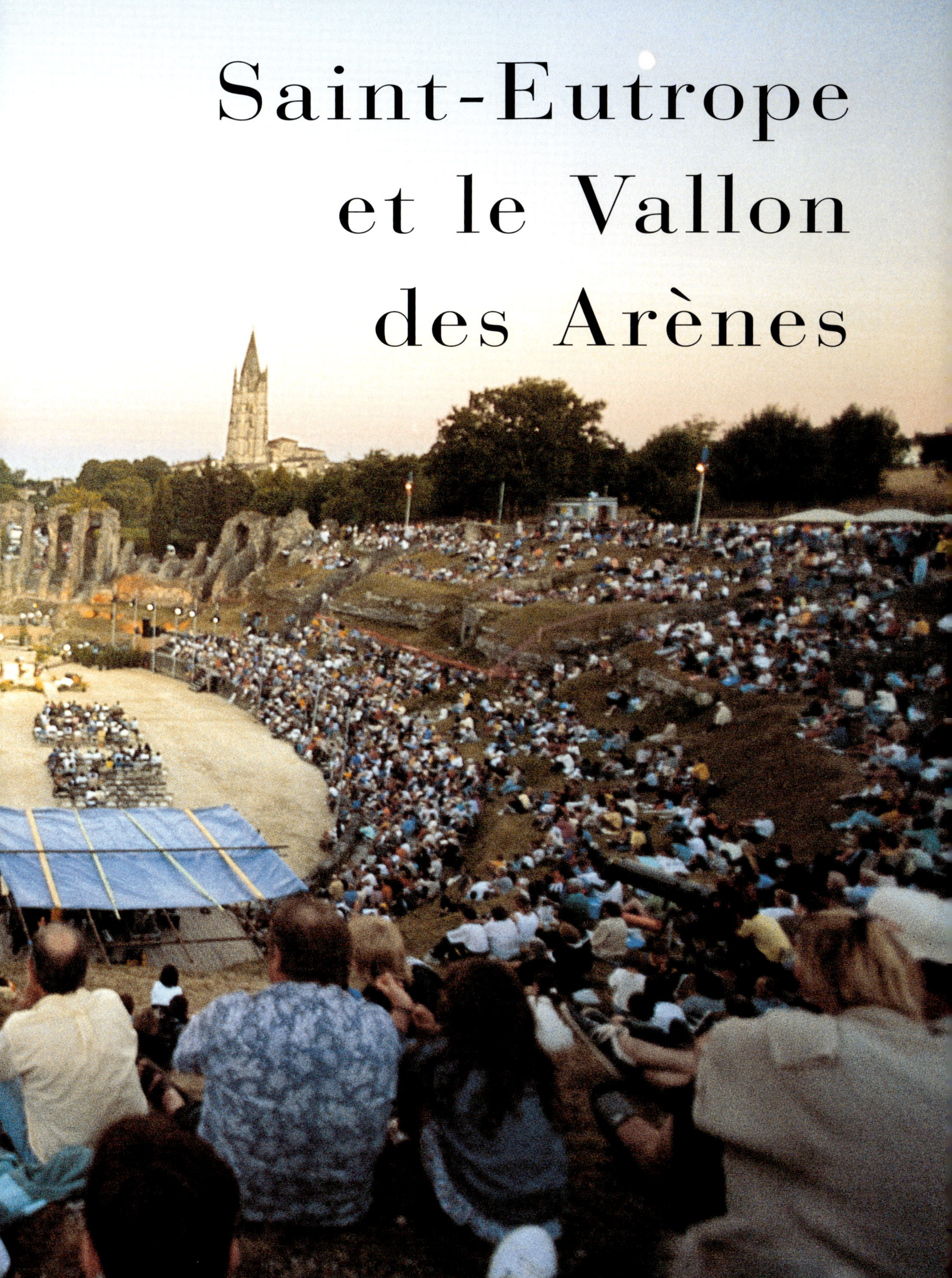

Dans son écrin de verdure, l'amphithéâtre paraît appartenir à quelque jardin imaginaire.

Les Arènes en leur paysage

Dire que Saintes entretient une relation privilégiée avec la nature relève de l'euphémisme, tant la topographie particulière de la ville contribue à accentuer la variété des paysages. À chaque quartier ses points de vue, ses ambiances, ses émotions particulières.

Le plateau qui surplombe le cœur de la ville est délimité au sud par un vallon naturel dans lequel les Romains implantèrent leur amphithéâtre. Un second vallon, presque parallèle et plus encaissé, rejoint le précédent au bord de la Charente, isolant ainsi un éperon sur lequel s'est développé le faubourg Saint-Eutrope. Là, l'alchimie paysagère propre à cette portion de la ville a engendré une succession de sites pittoresques dont chacun peut percevoir

Le clocher gothique de l'église Saint-Eutrope fut reconstruit au XVe siècle sur le croisillon nord du transept roman. Sa flèche flamboyante fut beaucoup admirée et imitée.

L'amphithéâtre, tout feu tout flamme...

une image différente : village perché, végétation luxuriante, jardins potagers, ruines romantiques, sentiers ombragés... Cela serait simplement anecdotique si nous n'étions pas au cœur de l'agglomération, dans un quartier en pleine expansion, dont chaque ligne de crête est occupée par une artère de circulation.

À l'époque gallo-romaine, déjà, la voie qui quittait la ville vers l'ouest pour rejoindre la Gironde descendait du plateau par une rampe latérale, se prolongeant ensuite dans le vallon des Arènes, non sans avoir desservi l'amphithéâtre, habilement inséré dans ce relief.

L'amphithéâtre – les Arènes, pour reprendre la terminologie la plus courante – est l'un des monuments qui contribuent le plus à la réputation de Saintes, l'antique *Mediolanum*. Dans sa catégorie, il demeure l'un des mieux conservés en France, même s'il ne prétend aucunement rivaliser avec ceux de Nîmes et d'Arles, dont il se distingue pourtant par sa structure singulière, plus rarement représentée. En effet, l'utilisation ingénieuse du site a permis aux constructeurs d'édifier l'essentiel du monument sans recourir aux élévations de murs de soutènement, de galeries et d'escaliers complexes.

les deux talus, est construite en élévation, selon la technique plus communément en usage.

Imaginez alors, les jours de spectacle, la foule des badauds descendant de la ville pour se presser autour de ce chaudron où bouillonnait la violence

Le même, en hibernation !

Ils se sont contentés d'élargir les flancs du vallon, de créer un remblai à l'ouest du vaste plan elliptique et d'appuyer trois côtés de leurs gradins sur les pentes ainsi aménagées. Seule la partie orientale, qui relie

des combats de gladiateurs ou des chasses d'animaux sauvages. Vous pourriez même entendre, derrière le calme trompeur du site et le chant des oiseaux, la clameur de la foule, les cris des fauves et le fracas des armes.

Mais il y a bien longtemps que ces sanglantes représentations n'ont pas rempli l'arène saintaise de leur tumulte. Après la christianisation, tandis que la ville se rétractait derrière son rempart, l'amphithéâtre délaissé fut pillé avant d'être envahi par la végétation : la campagne reprit ses droits sur l'urbain jusqu'au début du XXᵉ siècle. Alors que l'agglomération l'entre-deux-guerres, on venait par trains entiers assister à ces représentations. Ainsi, le sombre monument connut une seconde vie, qui nous permet aujourd'hui d'en apprécier les vestiges. Dix-huit siècles après les Romains et deux cents mètres plus à l'est, l'intendant Reverseaux reprit le principe du remblaiement pour faire franchir au vallon le grand boulevard rectiligne qui porte son nom.

Le faubourg des pèlerins

commençait à nouveau à s'étendre vers cette zone rurale, le dégagement des ruines fut entrepris, et pour financer l'opération on eut l'heureuse idée d'y produire chaque année des spectacles lyriques. Le succès fut tel que, durant

Voilà pourquoi un talus vertigineux coupe désormais le vallon, isolant en contrebas un segment de nature préservée auquel les arches de l'amphithéâtre confèrent un arrière-plan mystérieux.

La magie du Vallon des Arènes, espace vert préservé au cœur de la ville que l'on découvre depuis le talus du cours Reverseaux.

Le chevet de l'église Saint-Eutrope concentre toutes les nouveautés que l'art roman faisait naître en Saintonge au crépuscule du XIe siècle : arcatures, colonnes contreforts, décor sculpté soulignant les compositions architecturales.

Chef-d'œuvre absolu de l'art roman, la vaste crypte établie sous le chevet de l'église abrite la châsse de saint Eutrope que venaient vénérer les pèlerins en route pour Compostelle.

L'église Saint-Eutrope, qui surplombe fièrement le paysage de sa flèche gothique, est l'autre joyau du quartier. Impossible de ne pas voir sa silhouette altière, mais trompeuse : l'église gothique que l'on s'attend à trouver se révèle être l'un des monuments romans les plus prestigieux de la France de l'Ouest, et ce malgré la disparition de sa nef au XIXe siècle. Le clocher flamboyant a simplement remplacé au XVe siècle un clocher roman disparu. Sur la colline où fut retrouvée la sépulture d'Eutrope, l'évangélisateur des Santons martyrisé par les Romains, le culte du saint s'est développé très tôt, attirant de nombreux pèlerins. Au XIe siècle, l'essor du pèlerinage vers Compostelle fit de ce sanctuaire l'une des étapes les plus renommées de la *via Turonensis*, la route occidentale vers le tombeau de saint Jacques.

Les moines de Cluny fondèrent là un important prieuré, dont la nouvelle église fut consacrée par le pape Urbain II en 1096.

Elle se distingue par son plan exceptionnel, avec un chevet à déambulatoire,

À la croisée du transept de l'église Saint-Eutrope, un atelier de sculpteurs particulièrement doués ouvrit la voie de l'art saintongeais du XIIe siècle.

À l'extrémité du cours Reverseaux, près de sa jonction avec le cours National, c'est une autre forme de spiritualité, celle de la Réforme, qui a apporté sa contribution à la constitution urbaine. Le temple protestant de Saintes, construit par l'architecte parisien Charles-Augustin Rey entre 1904 et 1906, est l'un des premiers édifices religieux à structure de béton armé dans la région. Sa façade de pierre à décor floral, encore très marquée par l'Art nouveau, contribue de belle manière à la diversité architecturale de Saintes.

Le lavoir de la Grand-Font, un havre de calme sur le flanc sud du faubourg.

par sa vaste crypte destinée à accueillir les pèlerins et par la qualité de son décor sculpté. Elle est aujourd'hui classée au titre du patrimoine mondial de l'humanité par l'UNESCO, dans le cadre du chemin de Saint-Jacques-de-Compostelle. L'engouement actuel pour le pèlerinage en Galice conduit à Saintes de nombreux « jacquets » modernes, qui bénéficient désormais d'un accueil particulier à l'endroit même où les moines assuraient l'hospitalité au Moyen Âge.

À l'extrémité du cours Reverseaux, le temple protestant édifié entre 1904 et 1906, masque sa structure en béton armé derrière un décor où se mêlent souvenir médiéval et Art Nouveau.

De Saint-Vivien
à Port-la-Rousselle

Le « château » Rouyer-Guillet garde la mémoire de l'intense activité des distilleries qui régnait à la fin du XIXe siècle au pied du quartier Saint-Vivien.

Jadis, les pèlerins qui choisissaient de franchir la Charente à Taillebourg longeaient ensuite la rive gauche du fleuve pour arriver à Saintes par le nord, et bénéficier ainsi de l'accueil des chanoines du prieuré de Saint-Vivien avant de pénétrer dans l'enceinte urbaine par la porte Aiguière.

De la nécropole antique à la paroisse moderne

Comme saint Pallais, saint Vivien fut l'un des premiers évêques de la cité, réputé pour s'être opposé à l'arianisme des Wisigoths au Ve siècle. C'est sa sépulture, dans une immense nécropole occupant le plateau au nord de la ville, qui a donné naissance au sanctuaire et à la paroisse la plus importante hors les murs, et ce dès le Moyen Âge.

L'église Saint-Vivien, reconstruite vers 1845, domine le faubourg accroché au plateau septentrional de la ville.

L'intérieur de l'église est fortement imprégné de l'influence du courant néoclassique qui redécouvrait au XIXe siècle les modèles paléochrétiens.

Avant d'être abandonné aux morts vers le IIIe siècle, ce secteur avait été largement urbanisé au moment de l'apogée de *Mediolanum*, comme le prouvent les nombreuses découvertes archéologiques qui s'y effectuent régulièrement. La présence des vestiges des thermes de Saint-Saloine permet de rappeler cette histoire stratifiée. Ces ruines doivent d'ailleurs leur maintien relatif à leur transformation partielle en une basilique chrétienne dans l'Antiquité tardive. L'église Saint-Saloine a disparu elle aussi, ne laissant son empreinte que dans la toponymie. D'autres bains

Dans le faubourg, d'anciens passages privés ou publics au caractère bucolique.

romains existaient au bord de la Charente, au pied du plateau, non loin de l'emplacement d'anciens quais et d'entrepôts antiques que domine aujourd'hui le collège René-Caillié.
Mais de tous ces souvenirs d'un passé révolu, presque rien ne nous est parvenu en élévation. D'autres activités, d'autres souvenirs, d'autres patrimoines sont venus s'y superposer. Même le prieuré médiéval de Saint-Vivien fut rasé à la suite des guerres de Religion, pour être remplacé par un vaste séminaire, devenu ensuite une caserne et aujourd'hui un collège. L'église, qui perpétue la tradition de ce vocable, est une œuvre du XIXe siècle dont la construction, dans les années 1840, permit un remodelage du centre de l'ancien faubourg avant son extension vers le nord. Longtemps négligée, cette église paroissiale est actuellement redécouverte pour la qualité de son mobilier et de ses vitraux.

Les niches qui assuraient le soutènement des bâtiments des bains constituent les vestiges les plus spectaculaires des thermes romains de Saint-Saloine.

À l'heure de la sortie du collège René-Caillié, le vieux faubourg s'anime bruyamment.

Le couvent des Cordeliers, autre pôle religieux établi en bordure du faubourg, face à l'ancienne porte Aiguière, subit lui aussi le contrecoup des guerres civiles. Bien que reconstruit au XVIIe siècle grâce à Anne d'Autriche, il disparut définitivement pour laisser place, en 1863, au monumental palais de justice, fierté d'une ville que Napoléon avait dépouillée de tous ses privilèges de chef-lieu, lui concédant toutefois le maintien de la cour d'assises.
Le promeneur qui quitte l'agitation du cours National pour remonter vers le cœur de l'ancien faubourg emprunte la rue Saint-Vivien. Celle-ci recèle

Tournant le dos à l'ancien quartier du Bois-d'Amour, aux pieds de Saint-Vivien, la poste centrale ouvre sa façade monumentale sur le cours National.

Carrefour Pasteur, une ancienne boucherie depuis longtemps disparue, survit à travers le décor sculpté de son immeuble.

une petite rareté architecturale : l'ancien « hôtel de chirurgie », édifié en 1777 par le docteur Doussin pour y assurer la formation des futurs chirurgiens. On peine à imaginer que cet immeuble au charmant décor rococo fut rien moins qu'une salle de dissection !

Au-delà de Port-la-Rousselle, les plongeoirs en béton armé de la piscine ajoutent une note « années 1950 » à la diversité architecturale saintaise.

Qui songerait que cette façade élégante de la rue Saint-Vivien, construite en 1777, abritait l'École de Médecine, c'est-à-dire l'amphithéâtre de dissection des élèves chirurgiens de la ville ?

En haut de la rue Saint-Vivien, on arrive sur la place du même nom, près de l'entrée du collège, toujours très animée à l'heure des sorties de cours, et l'on passe devant l'église qu'il faut longer pour redescendre de l'autre côté du plateau, par la pente plus douce de la longue rue de Laroche, ouverte seulement au XIXe siècle. Les belles façades qui bordent cette rue nous conduisent vers un univers singulier et malheureusement désuet, celui de Port-la-Rousselle : là se concentrait une part importante de la production et du négoce des eaux-de-vie. Le fleuron en était la maison Rouyer-Guillet, la dernière à s'être maintenue à Saintes jusqu'à la fin du XIXe siècle. Implantée au bas du plateau, à proximité des quais d'embarquement où s'amarraient les gabares, la distillerie et ses chais déterminent encore l'ambiance de ce bout de ville, bien après leur démantèlement. Les façades ornées du petit Bacchus, emblème de la marque, ainsi que l'imposante demeure familiale appelée « le château » rappellent la mémoire de ce célèbre cognac… saintais.

Port-la-Rousselle n'est qu'à quelques coups d'avirons du quartier Saint-Pierre.

Malgré la fermeture des distilleries, l'esprit de Bacchus est encore présent, à travers l'enseigne de la maison Rouyer-Guillet.

À l'entrée du faubourg, face à l'ancien Porte-Aiguière, l'imposant frontispice néoclassique du Palais de Justice a remplacé en 1863 l'ancien couvent des Cordeliers.

Plus haut sur le cours National, la Villa Musso rappelle l'heure de gloire du négoce et de la finance dans la ville du XIXe siècle.

Les horizons de la ville

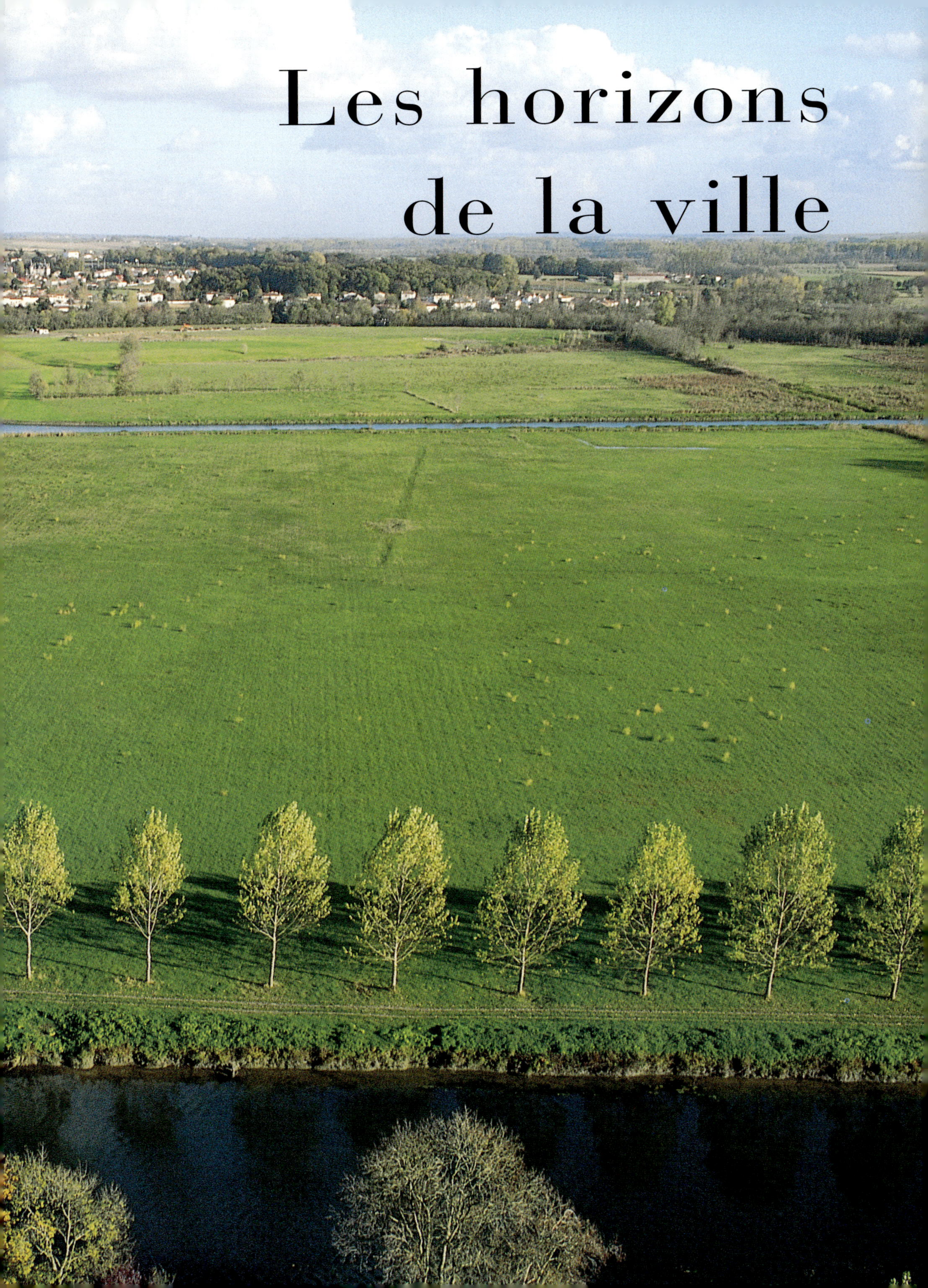

L'ancien moulin de Luçérat, sur la Charente, près d'un hameau en amont de la ville.

Ne dit-on pas que les premières impressions que l'on garde d'une ville sont forgées par ses abords ? Saintes possède, de ce point de vue, des atouts dus à sa topographie particulière et à l'absence de ce qu'il est convenu d'appeler « une périphérie ».

Des quartiers aux hameaux

D'où que l'on vienne, dès que l'on rencontre les premiers habitats groupés, les premiers signes d'un paysage urbain, on est dans la ville. L'extension s'opère en taches d'huile depuis le XIXe siècle, sans qu'il y ait de véritable rupture entre le centre ancien et les nouveaux quartiers, et ce malgré l'existence de véritables obstacles naturels, comme le vallon de la Grand Font, qui crée au sud de Saint-Eutrope une césure nette avec plateau méridional de Bellevue.

Le quartier de Bellevue se mire dans les eaux du fleuve du haut de son plateau.

Camaïeux de balcons du quartier des Boiffiers.

Or, c'est là que la ville a trouvé depuis les années 1950, l'un des ses principaux espaces de croissance. Le nom même de Bellevue, associé à celui du quartier voisin des Boiffiers, dénote une qualité de site qui n'a rien à envier au reste de la ville. Le plateau surplombe directement le fleuve et les prairies, offrant un large panorama sur la vallée. Le quai des Roches, qui longe les falaises truffées de carrières, est un cheminement ancien, dédoublé par la voie plus importante prolongeant le cours Reverseaux sur le plateau. Plus au sud, bien loin de la ville en direction de Pons et de Bordeaux, au hameau de Paban, l'ancienne usine Hispano-Suiza a donné naissance à une base aérienne qui abrite aujourd'hui l'École d'enseignement technique de l'armée de l'air.

Boiffiers-Bellevue. Plus du quart des habitants de Saintes vivent sur ce plateau méridional conquis dans les années 1960.

C'est de part et d'autre de cette route de Bordeaux que la seconde moitié du XXe siècle a vu se développer un vaste ensemble d'habitats individuels et collectifs lors de la phase de croissance démographique de la cité. Plus du tiers des 27 000 habitants de Saintes réside sur ce plateau, qui est devenu un pôle important de la vie locale. Les années 1950 ont vu naître ici l'une de ces expériences utopiques propres à l'après-guerre, avec la naissance d'un lotissement de maisons individuelles construites par la mutualisation du travail de leurs habitants. Cet épisode des « Castors » s'inscrit bien dans la tradition de solidarité humaine qui a marqué l'histoire saintaise depuis le XIXe siècle. Bien entendu, les immeubles d'habitats collectifs qui ont poussé dans ces années de forte croissance ont créé un paysage plus conforme à ce que l'on trouve généralement dans les quartiers dits « périphériques ». Mais la modestie relative de leurs dimensions et la qualité générale du bâti et de l'environnement, ainsi que la permanence d'une vie associative et de services ont permis d'éviter certains effets

Les jardins, lieux de vie, d'éducation et de plaisir, aux portes du quartier de La Fenêtre.

Pour la nostalgie, les abords de la ville tels qu'autrefois, au village de Narcejac.

négatifs des « cités de banlieue ». La ville compte d'autres quartiers analogues, comme La Fenêtre, au nord, ou le Vallon et Saint-Sorlin, sur la rive droite, mais leurs dimensions sont bien plus modestes. Plus importants par leur emprise à l'est de la ville, les quartiers de maisons individuelles souvent coquettes, organisées en véritables cités-jardins, abritent encore de nombreux cheminots.

Ce panorama de Saintes ne saurait se conclure sans une évocation des nombreux hameaux et villages qui parsèment le territoire rural de la commune. Certains sont accrochés aux berges du fleuve comme, Narcejac, Saint-Sorlin, ou les Arcivaux ; d'autres s'éparpillent dans le paysage vallonné des environs de la ville, quelques-uns sont déjà rattrapés par l'agglomération. Beaucoup ont su conserver certains aspects de leur charme passé et leurs noms évocateurs se muent en dénominations de quartiers.

Au-delà de la nostalgie, parce que la vie continue et que la ville est toujours belle...

Toutes voiles dehors, la gabare « Ville de Saintes » vogue vers l'avenir...

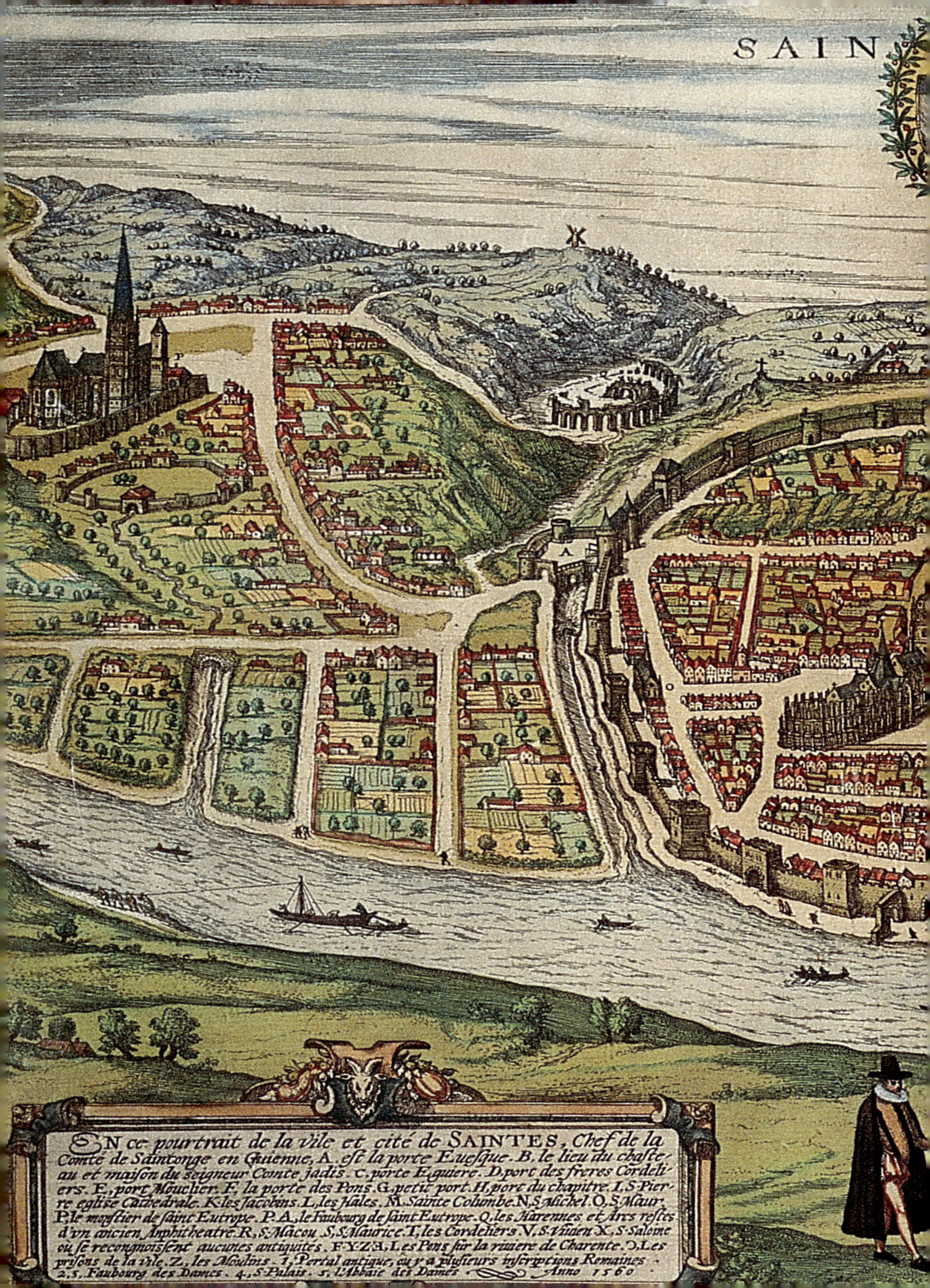
SAIN
En ce pourtrait de la vile et cité de SAINTES, Chef de la
Comté de Saintonge en Guienne, A. est la porte Euesque. B. le lieu du chaste-
au et maison du seigneur Comte jadis. C. porte Eguiere. D. port des freres Cordeliers. E. port Mouclier. F. la porte des Pons. G. petit port. H. port du chapitre. I. S. Pierre eglise Cathedrale. K. les Jacobins. L. les Hales. M. Sainte Columbe. N. S. Michel. O. S. Maur.
P. le moustier de saint Eutrope. P.A. le Faubourg de saint Eutrope. Q. les Harennes et Arcs restes
d'vn ancien Amphitheatre. R. S. Macou. S. S. Maurice. T. les Cordeliers. V. S. Viuien. X. S. Salome
où se recongnoissent aucunes antiquités. F.Y.Z.Ʒ. Les Pons sur la riuiere de Charente. Ↄ. Les
prisons de la vile. Z. les Moulins. 1. Portal antique, où y a plusieurs inscriptions Romaines.
2. 3. Faubourg des Dames. 4. S. Palais. 5. l'Abbaie des Dames. Anno 1560.